D1277763

As-tu des POUVOIRS?

Guide des phénomènes paranormaux

Helaine Becker

Illustrations de Claudia Dávila

Traduction de Josée Latulippe

As-tu des pouvoirs ? Guide des phénomènes paranormaux est la traduction de *Are You Psychic ?*, *The Official Guide for Kids* de Helaine Becker (ISBN 978-1-89706-621-8) © 2005, Maple Tree Press Inc. (Owlkids Books Inc.).

Catalogage avant publication de Bibliothèque et Archives nationales du Québec et Bibliothèque et Archives Canada

Becker, Helaine, 1961-

    As-tu des pouvoirs ? : guide des phénomènes paranormaux

    (Bizarre bazar)
    Traduction de : Are you psychic ?.
    Comprend un index.
    Pour les jeunes de 8 à 12 ans.

    ISBN 978-2-89579-267-3

    1. Facultés psychiques - Ouvrages pour la jeunesse. I. Dávila, Claudia. II. Titre.

BF1045.C45B4214 2009   j133.8   C2009-941203-9

Nous reconnaissons l'aide financière du gouvernement du Canada par l'entremise du Programme d'aide au développement de l'industrie de l'édition (PADIÉ) pour nos activités d'édition.

 Conseil des Arts du Canada   **Canada Council for the Arts**

Bayard Canada Livres Inc. remercie le Conseil des Arts du Canada du soutien accordé à son programme d'édition dans le cadre du Programme des subventions globales aux éditeurs.

Cet ouvrage a été publié avec le soutien de la SODEC. Gouvernement du Québec – Programme de crédit d'impôt pour l'édition de livres – Gestion SODEC.

Dépôts légaux – 3e trimestre 2009
Bibliothèque et Archives nationales du Québec
Bibliothèque et Archives Canada

Texte : © 2005 Helaine Becker
Illustrations : © 2005 Claudia Dávila
Conception et direction artistique : Leah Gryfe

Dédicace
Pour Andrew, Michael et Karl

Direction : Andrée-Anne Gratton
Mise en pages : Danielle Dugal
Traduction : Josée Latulippe
Révision : Claude Latulippe

© Bayard Canada Livres inc. 2009
4475, rue Frontenac
Montréal (Québec) H2H 2S2
Canada
Téléphone : 514 844-2111 ou 1 866 844-2111
Télécopieur : 514 278-0072
Courriel : edition@bayardcanada.com
Site Internet www.bayardlivres.ca

Imprimé au Canada

Table des matières

As-tu des pouvoirs ?

Tu es tranquillement assis à la maison quand soudain l'image d'un ami surgit dans ton esprit. Quelques minutes plus tard, le téléphone sonne. Surprise ! C'est cet ami qui appelle ! Coïncidence ou *prémonition* ?

Tu rêves qu'une personne de ta famille est malade. La semaine suivante, un courriel vous apprend que tante Jeanne a fait une mauvaise chute. Coïncidence ou *clairvoyance* ?

Tu « sais » tout à coup que ton professeur de mathématique vous donnera un examen-surprise. Tu étudies et tu décroches un A-, alors que tous tes camarades de classe récoltent le commentaire : « Préparation insuffisante ». Coïncidence ou *télépathie* ?

Tu as déjà vécu de tels événements plutôt bizarres ? Plus de 67 % des gens disent avoir déjà vécu des expériences semblables. Certaines personnes en vivent tellement souvent qu'elles sont persuadées d'avoir certains pouvoirs.

Les médiums existent-ils vraiment ? Ou s'agit-il plutôt simplement de trucs ? Depuis la nuit des temps, des gens dans le monde entier ont cru aux pouvoirs paranormaux : des chamans entrant en communication avec le monde des esprits ou avec des personnes absentes, jusqu'aux oracles annonçant l'avenir !

Les pages suivantes te permettront de constater à quel point les gens, dans le passé, prêtaient foi aux pouvoirs paranormaux. Tu rencontreras des voyants et des magiciens qui ont enthousiasmé les témoins de leurs prédictions fracassantes. Tu apprendras certains trucs utilisés par des diseurs de bonne aventure malhonnêtes. Et tu découvriras des expériences scientifiques permettant de vérifier si les pouvoirs paranormaux existent vraiment.

Tu pourras mettre au point tes propres expériences pour savoir si toi ou tes amis avez des pouvoirs parapsychiques. L'examen des preuves et l'analyse des faits te permettront de réfléchir à la question : la PES existe-t-elle vraiment ?

Saisir le sens

Nous avons habituellement cinq sens : le goût, la vue, l'odorat, l'ouïe et le toucher. Les médiums prétendent avoir un *sixième sens* qui leur permet de capter de l'information qui échappe au reste des gens. Ce sixième sens est parfois appelé « perception extrasensorielle » (PES) ou *seconde vue*.

C'est un mystère

Le mot anglais *psychic* (« médium » en français) vient d'un mot grec qui signifie « âme » ou « esprit ». Il évoque des forces mystérieuses ou des événements insolites que la science ne peut expliquer. Les personnes qui se disent « médiums » prétendent être ultrasensibles à ces forces.

Est-ce que tu prédis que ton avenir sera rempli de plaisirs et d'aventures? Si oui, passe à la page suivante.

La Voyance

As-tu souvent l'impression que ton meilleur ami sait exactement ce que tu penses ? Comment ta mère fait-elle pour le savoir chaque fois que tu n'as pas brossé tes dents ? Peuvent-ils lire dans tes pensées ? Voici une question qui donne encore plus la chair de poule : peux-*tu* lire dans *leurs* pensées ?

La voyance est l'une des formes les plus répandues de PES. On l'appelle parfois télépathie. Le terme télépathie vient des mots grecs signifiant « à distance » (*tele*) et « sentiment » ou « sensation » (*pathos*).

La télépathie est donc un « sentiment à distance », une communication de pensées, d'images et de sentiments.

Au-delà du réel ?

En 1971, un membre de l'équipage du vaisseau spatial *Apollo 14* a mené sa propre expérience de voyance. Il a transmis par la pensée une série de chiffres choisis au hasard à quatre personnes sur la terre (à une distance de 240 000 kilomètres). Après son voyage dans l'espace, l'astronaute a signalé que deux des quatre personnes avaient reproduit les séries de chiffres avec une précision qui ne peut s'expliquer uniquement par la simple chance ou une coïncidence.

Recherches **insolites**

Un *parapsychologue* est une personne qui étudie des phénomènes inexpliqués ou insolites qui pourraient être d'origine surnaturelle.

Le savais-tu ?

Les parapsychologues affirment que :

- Les meilleurs voyants sont des femmes.
- On peut améliorer ses facultés de télépathie en buvant du cola, du café, du thé… et en mangeant du chocolat ! (La caféine constitue l'ingrédient secret.)
- Les gauchers sont de meilleurs voyants que les droitiers.
- Les personnes plus âgées sont meilleures que les plus jeunes.
- Les rêves constituent la source la plus fréquente de messages de télépathie.

L'idée de voyance remonte très loin dans le temps. Traditionnellement, les autochtones australiens croyaient que tous possédaient le don de voyance. Chez d'autres tribus dans le monde, des chamans spécialement formés ont développé et perfectionné cette habileté.

Dans plusieurs cultures, un chaman constituait le point central autour duquel gravitaient toutes les activités spirituelles et paranormales. Le chaman était le guérisseur, le conteur, le prêtre et le sorcier de la tribu. Il chantait, jouait du tambour ou se concentrait sur des flammes pour entrer comme en transe. Puis il consultait les esprits pour obtenir réponse à des questions importantes comme : où aller pour réussir une bonne chasse, ou encore comment guérir une maladie.

Après la Première Guerre mondiale, les scientifiques ont commencé à étudier sérieusement le phénomène de voyance. Ils ont entrepris des expériences sur des milliers de personnes, à travers la Grande-Bretagne et l'Amérique du Nord. Quels résultats ont-ils obtenus ? Comme des diseurs de bonne aventure dans une fête foraine, on pourrait dire : « Le message n'est pas clair. »

De nos jours, il existe de nombreuses preuves pour le confirmer : plusieurs personnes peuvent effectivement pratiquer la télépathie. Comment elles y arrivent demeure un mystère.

Le message n'est pas clair

La magie de l'esprit

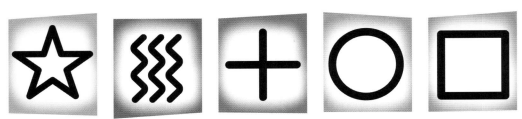

Un défi à distance

Le parapsychologue J. B. Rhine a élaboré une technique permettant de vérifier les dons de PES. Il a mis au point un jeu de 25 cartes. Sur chaque carte figurait un dessin. Il y avait cinq dessins différents et cinq cartes de chaque dessin. Rhine a mené des milliers d'expériences, montrant les cartes, une à une, à un « émetteur ». Un « récepteur » devait ensuite deviner chacune des cartes. Tu peux toi-même essayer cette expérience !

Il te faudra

- 25 fiches
- du papier-calque
- du papier blanc pour les feuilles de pointage
- des ciseaux
- un crayon, un stylo ou un marqueur
- deux montres
- deux amis : un émetteur et un récepteur

1 Réalise ton propre jeu de cartes pour les expériences de PES. Reproduis ou calque les symboles présentés plus haut sur les fiches : un symbole par fiche et cinq fiches de chaque symbole. En tout, 25 fiches. Assure-toi que les symboles sont clairs, sans toutefois être visibles de l'endos de la carte.

2 À partir du modèle ci-contre, crée des feuilles de pointage pour l'émetteur et pour le récepteur.

	Nom de l'émetteur: ___ Nom du récepteur: ___ Date et heure: ___ Série #1	Nom de l'émetteur: ___ Nom du récepteur: ___ Date et heure: ___ Série #2	Nom de l'émetteur: ___ Nom du récepteur: ___ Date et heure: ___ Série #3
1	○		
2	□		
3	⦚⦚⦚		
4	+		
5	□		
6	☆		
7	+		
8	○		
9	⦚⦚⦚		

As-tu relevé le **défi** ?

Plusieurs critiques ont affirmé que les méthodes de Rhine n'avaient rien de scientifique. Ils prétendaient que celui-ci avait ignoré des données qui ne cadraient pas avec ses théories. Ils croyaient également qu'il était trop facile de tricher, les cartes étant trop minces et les récepteurs (dans la même pièce que les émetteurs) pouvant distinguer les symboles à travers les cartes. Rhine a donc amélioré sa procédure. Par exemple, il a installé les émetteurs et les récepteurs dans des pièces distinctes. Mais il n'a jamais pu prouver une fois pour toutes l'existence de la PES. Pour être juste, il faut dire que ça ne dépendait pas seulement de lui. Une partie du problème découle de la nature même de la PES. En effet, comme les expériences extrasensorielles ne se produisent pas nécessairement dans le cadre de conditions de laboratoire, la PES s'avère particulièrement difficile à étudier.

3 Choisis un endroit calme pour réaliser l'expérience. Convenez d'une heure pour commencer le test. L'émetteur et le récepteur s'installent dans deux pièces différentes, chacun avec une montre.

4 À l'heure prévue, l'émetteur doit piger la première carte du jeu et se concentrer sur l'image. Le récepteur doit se détendre et laisser l'image surgir dans son esprit. Il note alors sur sa feuille de pointage l'image qu'il voit. Avant de passer à la carte suivante, l'émetteur doit noter sur sa feuille de pointage l'image sur laquelle il se concentrait.

5 Répétez l'opération toutes les deux minutes, jusqu'à la dernière carte.

6 Recommencez l'expérience deux autres fois avec les 25 cartes, pas nécessairement le même jour.

7 Comparez les feuilles de pointage de l'émetteur et du récepteur, en faisant le total des « coups réussis » au cours des trois parties de l'expérience.

8 Vérifie tes résultats à l'aide du tableau à droite. Un pointage inférieur ou supérieur à ceux prédits par les probabilités peut vouloir dire que tu as des dons de PES.

TOTAL POUR LES TROIS ESSAIS

POINTAGE	PROBABILITÉS	TES HABILETÉS EXTRASENSORIELLES
9 ou moins	20:1	Épatant! Télépathie inversée. Peut signifier que tu utilises tes facultés mentales pour bloquer la bonne réponse.
15	Égales	Conforme aux probabilités
18	10:1	Peut-être...
21	30:1	Impressionnant!
24	125:1	Yahou!
27	400:1	Je parie que tu sais déjà ce qu'on en pense!

Des pensées parfaitement partagées

La plupart des personnes qui vivent des expériences extrasensorielles signalent que cela ne se produit pas sur demande. Cela arrive plutôt comme un coup de tonnerre. Au cours des années 1930, un auteur célèbre, Upton Sinclair, a réalisé plus d'une centaine d'expériences afin de déterminer si son épouse, Mary, pouvait lire dans ses pensées. Il dessinait une image simple, puis la transmettait mentalement à son épouse. Mary dessinait alors l'image qui lui venait à l'esprit. Les résultats furent impressionnants et ont retenu l'attention du public.

Le savais-tu ?

- Les cas de PES semblent survenir le plus souvent à l'occasion d'événements graves ou inattendus. Tu peux tout à coup « savoir » que ta meilleure amie a des ennuis. Mais il t'est impossible de deviner quelque chose de plus banal, par exemple, la couleur de ses chaussettes.
- La télépathie se produit plus fréquemment entre des personnes très proches, comme des couples mariés, des jumeaux ou encore des frères et sœurs.
- Les pouvoirs paranormaux faiblissent quand les personnes sont ennuyées, tendues, fatiguées ou distraites.

ZZZZZZZZzz

Dessins magiques

Essaie de transmettre des images à un ami à la manière des Sinclair. Voici comment procéder.

Il te faudra

- deux crayons
- deux blocs-notes
- deux montres

1 Installez-vous dans des pièces distinctes afin de ne pas vous voir ou vous entendre.

2 À l'heure convenue, dessine une image simple. Tu peux reproduire une de celles que tu vois ici ou en dessiner une autre. Ne dis pas à ton ami quel dessin tu traces.

3 Tu dois te concentrer à la fois sur ton dessin et sur ce que tu ressens en le dessinant.

4 Dans l'autre pièce, le récepteur se détend et laisse une image surgir dans son esprit. Quand il croit avoir une idée claire de l'image choisie, il la reproduit sur son bloc-notes.

5 Refaites l'expérience deux ou trois fois avant de comparer les images « transmises » et celles « reçues ».

6 Comparez les dessins. À quel point sont-ils similaires ?

7 Demande à quelqu'un qui n'est pas au courant de votre expérience de comparer les images. Dirait-il que vos dessins se ressemblent comme deux gouttes d'eau ou qu'ils sont comme le jour et la nuit ?

8 Inversez maintenant les rôles. L'un de vous deux est-il un meilleur émetteur ou récepteur ?

11

La PES et l'intuition

As-tu déjà eu un pressentiment ou l'impression que quelque chose allait se produire ? Dans ce cas, tu as eu une intuition. Il s'agit du sentiment que tu éprouves quand tu « sais » quelque chose sans vraiment arriver à identifier *comment* tu le sais. Plusieurs pensent que la voyance et la PES sont des sortes d'intuitions.

Si la PES est une intuition, alors tu possèdes sans aucun doute certaines habiletés extrasensorielles – les enfants et les adolescents sont ceux qui ont le plus de pressentiments. Les femmes plus que les hommes affirment avoir des intuitions. De même, les personnes œuvrant dans les arts créatifs en ont plus que celles travaillant dans d'autres domaines.

Mais qu'est-ce que l'intuition ? Selon les experts, il s'agit tout simplement d'un des modes de fonctionnement du cerveau. Tes organes sensoriels recueillent sans arrêt des milliards de fragments d'information. La quantité d'information captée est tellement élevée que tu ne peux pas tout assimiler. Si c'était le cas, ton cerveau serait surchargé ! Alors, tu retiens seulement ce qui semble important *dans l'immédiat,* comme le feu de circulation qui vient de passer au rouge.

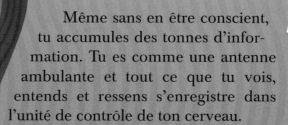

Même sans en être conscient, tu accumules des tonnes d'information. Tu es comme une antenne ambulante et tout ce que tu vois, entends et ressens s'enregistre dans l'unité de contrôle de ton cerveau.

Par exemple, ton amie est distraite et rêveuse, et elle mâchouille ses cheveux. Le bout de son crayon est tout mordillé et son cahier est rempli de petits papiers repliés coincés entre les pages. Au début, ces indices ne veulent rien dire pour toi. Tu les remarques à peine. Toutefois, des heures ou même des jours plus tard, au moment où tu es perdu dans tes pensées, tous ces petits détails s'assemblent dans ta tête et… *bingo*! Soudain, tu prends conscience que ta meilleure amie a un admirateur secret. Impossible d'expliquer comment tu le sais – tu ne te souviens pas consciemment du crayon mordillé ni des petits mots secrets. Mais tu es persuadée qu'il se passe quelque chose – et, en définitive, tu as raison!

Le savais-tu?

Les personnes qui agissent selon leur intuition découvrent que leurs pressentiments deviennent plus forts et plus fiables avec le temps. Alors, à ton prochain examen, si tu as le sentiment que la réponse est «a», n'hésite pas! Mais cela ne te dispense évidemment pas d'étudier!

Cultive ton intuition

Certaines personnes peuvent « cultiver » leur intuition. De fait, plusieurs médiums recommandent de renforcer son intuition pour aiguiser ses pouvoirs extra-sensoriels.

Le meilleur moyen de stimuler ta conscience et d'augmenter tes pouvoirs d'intuition consiste à apaiser ton esprit et à libérer ton imagination. Les activités suivantes visent à stimuler ton sens de l'observation et à « cultiver » ton intuition.

Défi « Le moment présent »

Il te faudra

• tes cinq (ou six) sens

1 Arrête-toi un instant et identifie ce dont tu es conscient *en ce moment*. Combien de choses :

vois-tu *en ce moment* ?

ressens-tu *en ce moment* ?

entends-tu *en ce moment* ?

sens-tu *en ce moment* ?

goûtes-tu *en ce moment* ?

2 Refais cet exercice chaque fois que tu y penses. Cela te permettra d'être plus conscient de ton environnement.

Avec mon œil de lynx, je vois...

Il te faudra

• un livre illustré pour enfants

1 Installe-toi dans un endroit où tu ne seras pas dérangé.

2 Examine les illustrations du livre. Sur chaque page, remarque le plus de détails possible.

3 Quand tu as terminé, retourne au début du livre. Essaie de voir si tu peux identifier sur chaque page un détail que tu n'avais pas remarqué à ta première lecture.

Le défi du perroquet

Il te faudra

- un ami
- un livre

1 Demande à ton ami de te lire deux ou trois lignes du livre.

2 Répète mot pour mot ce que tu as entendu. Quel degré de précision as-tu réussi à atteindre ?

3 Augmentez progressivement le nombre de lignes.

4 Reprenez l'exercice en faisant le perroquet à tour de rôle. En améliorant ta capacité d'écoute, tu deviens plus conscient de ce que les autres te disent vraiment.

Souviens-toi des mots

Répète après moi

Essaie encore une fois

Va raconter ça aux pompiers… ils vont t'arroser !

Il te faudra

- un ami

1 Demande à ton ami de te raconter un événement qu'il a réellement vécu dans la journée. Sois attentif à l'expression de son visage et à son langage non verbal.

2 Ensuite, demande-lui de te mentir en te racontant quelque chose qu'il n'a pas vécu. Encore une fois, sois attentif à l'expression de son visage et à son langage non verbal.

3 Peux-tu noter des différences chez ton ami quand il te dit une vérité ou un mensonge ? Laisse maintenant ton ami te mettre à l'épreuve.

4 Refaites plusieurs fois l'expérience en mélangeant l'ordre des vérités et des mensonges, tout en alternant les rôles. Arrives-tu à savoir si ton ami te ment ? Ses expressions et ses gestes t'apprennent-ils autre chose au sujet de son humeur ou de ses pensées ?

5 Regarde attentivement les gens quand ils parlent. Que peux-tu apprendre à leur sujet simplement en les observant ?

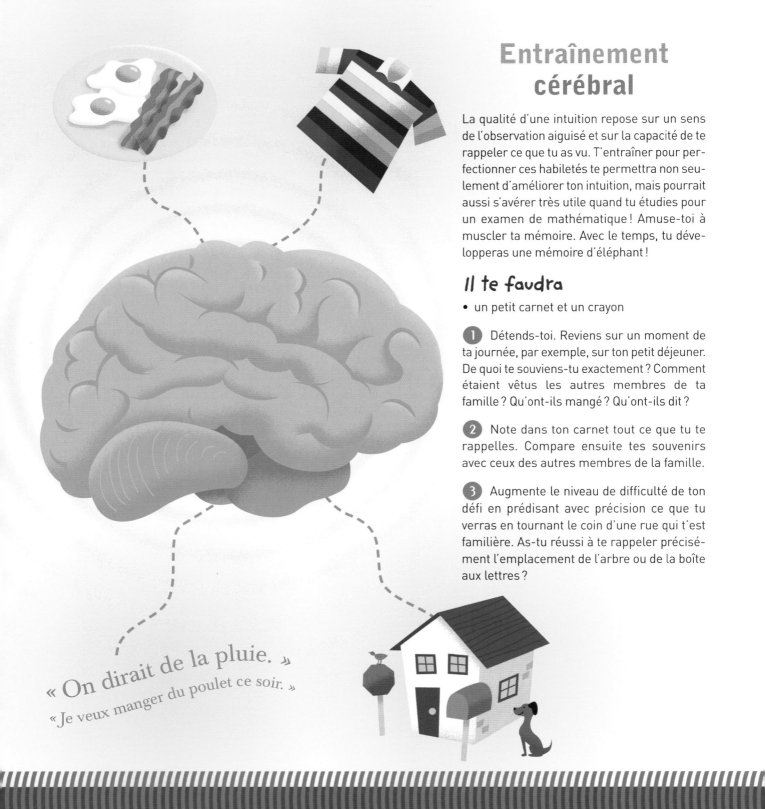

Entraînement cérébral

La qualité d'une intuition repose sur un sens de l'observation aiguisé et sur la capacité de te rappeler ce que tu as vu. T'entraîner pour perfectionner ces habiletés te permettra non seulement d'améliorer ton intuition, mais pourrait aussi s'avérer très utile quand tu étudies pour un examen de mathématique! Amuse-toi à muscler ta mémoire. Avec le temps, tu développeras une mémoire d'éléphant!

Il te faudra

• un petit carnet et un crayon

1 Détends-toi. Reviens sur un moment de ta journée, par exemple, sur ton petit déjeuner. De quoi te souviens-tu exactement? Comment étaient vêtus les autres membres de ta famille? Qu'ont-ils mangé? Qu'ont-ils dit?

2 Note dans ton carnet tout ce que tu te rappelles. Compare ensuite tes souvenirs avec ceux des autres membres de la famille.

3 Augmente le niveau de difficulté de ton défi en prédisant avec précision ce que tu verras en tournant le coin d'une rue qui t'est familière. As-tu réussi à te rappeler précisément l'emplacement de l'arbre ou de la boîte aux lettres?

« On dirait de la pluie. »

« Je veux manger du poulet ce soir. »

La zone des ondes

Tu as plus de chances de vivre une expérience de PES quand ton esprit est calme et détendu – par exemple, quand tu es sur le point de t'endormir. Au moment où tu t'envoles au pays des songes, ton cerveau se met à produire une plus grande quantité d'*ondes alpha*. Il se peut alors que tu voies dans ta tête des images ou des couleurs tourbillonnantes. C'est souvent à ce moment-là que surgissent les pressentiments.

Faire un petit somme est peut-être un bon moyen de te mettre à l'écoute de tes PES, mais ce n'est pas très réaliste au milieu d'un cours ! Pour les occasions où tu dois rester très alerte, la méditation permet d'aiguiser tes « antennes ». Plusieurs utilisent aussi la méditation pour augmenter leur énergie et améliorer leur concentration. Voici comment procéder.

Il te faudra

- un endroit calme et confortable où tu ne seras pas dérangé

1 Installe-toi confortablement. Prépare-toi à garder la même position pendant environ dix minutes.

2 Ferme les yeux. Concentre-toi sur ta respiration. Inspire. Expire.

3 Essaie de ne penser à rien. Quand une idée ou une pensée surgit, observe-la un moment, puis laisse-la disparaître. Concentre-toi de nouveau sur ta respiration.

4 Après dix minutes, ouvre les yeux. Étire-toi. Tu viens de méditer !

5 Reprends cet exercice chaque fois que tu as besoin d'un moment de tranquillité et avant d'entreprendre les défis proposés dans ce livre..

Le savais-tu ?

Les meilleurs médiums sont des observateurs hors pair. Ils ont entraîné leurs sens à opérer à un niveau exceptionnellement élevé. Ils sont particulièrement attentifs aux détails. Crois-tu que ça pourrait aussi être le cas des meilleurs scientifiques ?

Qu'en **penses**-tu ?

Dans ce chapitre, tu as découvert un peu les croyances anciennes au sujet de la télépathie. Tu as également reproduit des expériences scientifiques visant à prouver l'existence de la télépathie et tu as exploré les liens entre la PES et l'intuition. Avec ce que tu sais maintenant, crois-tu que la télépathie est authentique ? Ou bien es-tu plutôt sceptique ? Ce que tu apprendras au prochain chapitre te permettra peut-être de trancher.

Méditation transcendantale

Les personnes qui ont une grande expérience de méditation sont aussi capables d'entrer en transe, ce qui correspond en réalité à un état de « demi-éveil/ demi-sommeil ». L'esprit de la personne devient alors plus réceptif à de nouvelles idées, à de nouvelles impressions. On considère également que c'est l'état idéal pour percevoir des messages de télépathie.

Imposteurs et charlatans

Bien des gens vivent des expériences extrasensorielles, mais tous ceux qui se prétendent médiums ne le sont pas véritablement. En effet, avec un public réceptif et quelques bons trucs dans sa manche, un artiste de scène «voyant» peut s'avérer des plus convaincants. De même, un escroc peut-il te convaincre qu'il pourra régler tous tes problèmes – moyennant certains honoraires. Des imposteurs sont capables de te faire croire qu'ils arrivent à lire dans tes pensées.

À quel point les mensonges et la supercherie relèvent-ils de la télépathie? Pas beaucoup, mais c'est ainsi que des prétendus médiums arrivent à faire croire à leur «magie». Dans ce chapitre, tu découvriras comment aiguiser tes sens pour repérer les imposteurs et les escrocs qui ont de fausses prétentions.

C'est **chaud** ...

La plupart des honnêtes gens ne soupçonneraient jamais un médium d'aller jusqu'à espionner. Cependant, une technique appelée « voyance à chaud » n'est en réalité qu'une expression chaleureuse et vague qui signifie : mettre son nez dans les affaires des autres.

Si des voyants ou des diseurs de bonne aventure malhonnêtes veulent démontrer qu'ils connaissent des choses uniques à ton sujet, il se peut qu'ils fassent appel aux services d'assistants ou de détectives privés. Ainsi préparé, un médium « connaît » de façon mystérieuse des choses sur toi, comme ta date et ton lieu de naissance, ou encore le nom de tes parents ou d'autres personnes de ta famille. De tels renseignements sont habituellement faciles à trouver.

Plusieurs médiums professionnels se font accompagner dans leurs déplacements par un assistant. Celui-ci a pour tâche d'en apprendre un peu plus sur la communauté où auront lieu les séances de voyance à chaud. Il arrive même que des médiums vedettes paient des informateurs locaux pour recueillir des renseignements sur les personnes devant assister à leur « spectacle ». Ils demandent parfois à leurs assistants de se mêler aux spectateurs pour rendre leur performance encore plus convaincante.

Terrifiant !

Dans les années 1920, un duo de voyants itinérants, les Cornell, prétendit avoir eu la vision d'un meurtre. Les policiers de Chicago ratissèrent la rivière et, évidemment, trouvèrent un cadavre à l'emplacement indiqué par les Cornell. Plus tard, on découvrit que les Cornell avaient acheté le corps dans un salon funéraire puis l'avaient jeté à la rivière à l'endroit « prédit ».

C'est **très** chaud !

En 1975, un médium nommé David Bubar annonça qu'un incendie ravagerait une usine du Connecticut, aux États-Unis. Il fut par la suite reconnu coupable d'avoir lui-même allumé l'incendie qu'il avait « prédit » plusieurs semaines auparavant.

Le savais-tu ?

Certains imposteurs peuvent être inoffensifs ou amusants ; toutefois, ceux qui exploitent des victimes aux prises avec des problèmes graves sont cruels – voire criminels. Par exemple, un charlatan qui prétend « savoir » où se trouve une personne disparue peut donner de faux espoirs aux proches et faire perdre un temps précieux aux enquêteurs en les mettant sur une fausse piste.

Tes détecteurs d'imposteurs sont-ils prêts? Mets-les à l'épreuve dans les pages qui suivent.

On va à la pêche

Prendre à l'hameçon est une autre technique employée par les imposteurs. Quand il va à la pêche, un médium pose des questions apparemment vagues et sans importance, puis il t'amène à y répondre. L'imposteur se sert ensuite de tes réponses pour te faire croire qu'il « sait » quelque chose de spécial à ton sujet.

Voici un exemple de cette technique. Vois-tu exactement à quel moment la diseuse de bonne aventure a tendu sa ligne ?

La plupart des gens ne réalisent pas qu'ils ont été bernés. Pourquoi ? Il y a quelques raisons à cela. La première, c'est le fait de *prendre ses désirs pour des réalités*. En effet, quiconque va rencontrer un médium espère que quelque chose d'extraordinaire se produira. Dans ce cas, désirer quelque chose fera en sorte que cela se réalisera – les gens croiront ce qu'ils veulent bien croire.

Une autre raison possible : *la pensée sélective*. Des études scientifiques ont démontré que les gens oublient habituellement les gaffes d'un médium. C'est peut-être parce que notre cerveau se concentre sur les événements intéressants et inhabituels. Par exemple, tu arrives facilement à dormir avec des bruits familiers, mais tu te réveilleras au moindre son inhabituel. De la même manière, tu mets inconsciemment de côté les suppositions ordinaires et fausses (et donc ennuyantes) et tu ouvres grand les oreilles quand le médium fait un commentaire inattendu et juste (c'est formidable !).

De plus, un médium qui veut que tu mordes à l'hameçon t'observera attentivement. Il scrutera ton langage non verbal pour déceler des indices lui confirmant qu'il est sur la bonne voie. Il ajustera ses affirmations en fonction de tes réactions.

Le savais-tu ?

Des scientifiques ont découvert que les muscles de notre corps non seulement révèlent nos sentiments, mais contribuent aussi à les produire. Parce que tu souris quand tu es heureux, ton cerveau supposera que tu *es* heureux si tes muscles façonnent un sourire. Les médiums qui, consciemment ou non, reproduisent les expressions du visage de leurs clients au cours d'une séance estiment généralement qu'il s'agit d'une technique efficace. Si tu es tendu, le médium qui copie ton expression peut lui aussi commencer à se sentir tendu. Il peut alors honnêtement affirmer qu'il ressent chez toi de la tension.

Remonter le poisson !

Un bon pêcheur doit aussi savoir où lancer sa ligne. C'est pourquoi les « voyants » d'expérience emmagasinent des renseignements. Par exemple, le voyant professionnel Ian Rowland se fait un devoir de retenir :

- les prénoms masculins et féminins les plus populaires de différentes années ;
- des listes d'objets susceptibles de se retrouver dans les maisons, tels de vieux calendriers, des albums photo, des coupures de journaux, etc. ;
- les sujets auxquels les gens pensent le plus fréquemment : amour, argent, carrière, santé et voyages ;
- les nouvelles du jour.

Ça donne froid !

La *voyance à froid* amène la pêche à l'hameçon un peu plus loin. On l'appelle ainsi parce que, contrairement à la voyance à chaud, le médium ignore tout de son sujet. Et cette technique donne parfois froid dans le dos, car elle peut devenir tordue et sournoise.

Une voyance à froid consiste à lancer une affirmation qui plaira à la plupart des auditeurs. Plusieurs personnes auront l'impression que l'affirmation s'applique à elles seules.

La voyance à froid est efficace parce que les gens accordent généralement aux événements ou aux affirmations plus d'importance que nécessaire. Le médium travaillant à froid sait aussi que la plupart des gens sont centrés sur eux-mêmes. Nous préférons nous percevoir favorablement, et nous avons tendance à croire tout ce qui donne de nous une image positive. Cette tendance a même un nom scientifique : c'est l'« effet Forer » ou « effet Barnum ».

De plus en plus froid

Le texte qui suit s'inspire d'une véritable séance de voyance à froid exécutée par un médium professionnel. Te reconnais-tu dans ce qu'il affirme ?

Certains de tes rêves peuvent s'avérer plutôt irréalisables. Tu es parfois ouvert et sociable. Tu aimes faire la fête et tu t'entends bien avec les autres. Mais il t'arrive aussi parfois d'être timide et de préférer la solitude. Tu es un libre-penseur, mais tu aimes également appartenir à un groupe. Tu aimes bien le changement et la variété, et tu deviens vite ennuyé et frustré si tes parents ou tes professeurs limitent tes activités. Parfois, tu te demandes si tu prends les bonnes décisions dans ta vie. Tu projettes l'image d'une personne calme, mais tu as aussi tendance à te sentir anxieux et inquiet. Même si tu as des faiblesses, tu réussis généralement à pallier tes lacunes. Tu possèdes des ressources insoupçonnées que tu n'as pas encore réussi à actualiser.

Un défi polaire

La voyance à froid peut s'avérer une expérience amusante. Commence par dresser une liste d'affirmations générales qui sont vraies de la plupart des gens. Par exemple, dis qu'ils font beaucoup d'efforts pour s'améliorer, qu'ils font preuve d'empathie, qu'ils sont réservés ou sociables selon les circonstances. Complète ta liste par des commentaires qui ne s'appliquent peut-être pas à tout le monde. Plus ta liste est longue, plus tu as de chances de viser juste. Cette technique – affirmer le plus de choses possible et voir ce qui colle – est surnommée *shotgunning,* un terme anglais qui signifie «tir au fusil». Dans le cas où tes affirmations ne conviennent pas parfaitement, ne t'en fais pas. Grâce à la pensée sélective (va voir à la page 21), ton sujet oubliera sans doute tes bévues. Dis aux gens ce qu'ils veulent entendre – des affirmations positives au sujet de leurs belles qualités. Sois toujours gentil et aimable. Surtout, ne lance jamais d'insultes.

Il te faudra

- un sujet
- un stylo et du papier ou un ordinateur, si tu as l'intention d'écrire ton texte ou de l'apprendre par cœur

1 Prépare ton discours, puis développe ton scénario. Quelques jours à l'avance, informe tes sujets que tu viens de prendre conscience que tu possèdes un don de voyance, qu'il t'arrive parfois de «savoir» certaines choses au sujet d'autres personnes.

2 Refuse d'entreprendre quoi que ce soit pendant plusieurs jours. Sois mystérieux, distant, et donne l'impression d'être mal à l'aise par rapport à ton «don».

3 Au moment où tu estimes tes sujets convaincus de ta sincérité, choisis une personne que tu ne connais pas beaucoup et qui ne te connaît pas.

4 Prends sa main dans la tienne et retiens-la quelques instants, les yeux fermés. Puis ouvre les yeux et fixe profondément son regard.

5 Récite alors les affirmations que tu as apprises par cœur.

6 Observe attentivement ton sujet. Écoute ce qu'il dit, mais sois aussi attentif à son langage non verbal, à sa respiration et au mouvement de ses yeux. Modifie tes affirmations en fonction de ces réactions.

7 Écoute avec stupéfaction les commentaires des gens qui en auront le souffle coupé !

Fais comme si…

Peut-être peux-tu lire dans les pensées, peut-être pas! En attendant de le savoir avec certitude, voici, pour t'amuser, quelques tours tirés du répertoire de magiciens célèbres. Peut-être même arriveras-tu à convaincre tes amis que tu as vraiment des pouvoirs paranormaux.

Pile ou face !

Il te faudra

- une enveloppe
- une fiche
- un crayon
- une pièce de 5 sous
- une pièce de 25 sous
- une pièce de 10 sous
- un petit collant blanc ou un petit morceau de papier et un petit bout de ruban gommé
- un public d'au moins une personne

1 Avant l'arrivée des spectateurs, écris sur le devant de l'enveloppe: « Tu choisiras le 5 sous. »

2 Écris ensuite sur la fiche: « Tu choisiras le 10 sous. » Insère la fiche dans l'enveloppe.

3 Sur le petit collant ou morceau de papier, écris: « Je savais que tu choisirais le 25 sous »; colle-le ensuite du côté pile du 25 sous (de façon à ce qu'on ne puisse pas le voir quand la pièce est placée le côté pile en dessous).

4 Insère toutes les pièces dans l'enveloppe. Elles doivent être placées pour qu'on voie leur côté face en les glissant hors de l'enveloppe.

5 Tu es maintenant prêt à accueillir tes spectateurs. Assure-toi qu'ils ne voient pas le devant de l'enveloppe (le côté où tu as écrit une phrase).

6 Ouvre le rabat de l'enveloppe et fais glisser les pièces tout doucement sur une table.

7 Mets l'enveloppe de côté, le devant en dessous. Laisse-la fermée afin que personne ne puisse voir la fiche à l'intérieur!

8 Dis à un ami que tu peux lire dans ses pensées. Demande-lui de t'indiquer une des trois pièces sur la table. Puis demande-lui s'il souhaite se raviser. Peu importe qu'il change d'idée ou pas. Assure-toi simplement qu'il se sent bien libre de le faire.

9 Quand ton ami a fait son choix, procède comme suit :
- *S'il a choisi le 25 sous*, demande-lui de retourner les pièces. Il découvrira ta prédiction sous le 25 sous !
- *S'il a choisi le 10 sous*, ouvre l'enveloppe et sort la fiche. Rappelle-toi, il y est écrit: « Tu choisiras le 10 sous. » Montre-lui rapidement que l'enveloppe ne contient pas d'autres fiches.
- *S'il a choisi le 5 sous*, retourne l'enveloppe. Il pourra y lire ta prédiction: « Tu choisiras le 5 sous » !

10 Pendant que ton ami se remet de sa surprise, ramasse rapidement les pièces, glisse-les dans l'enveloppe et replace le tout dans ta poche.

Magie en « technicolor »

Il te faudra
- une boîte de craies de cire
- un public d'au moins deux personnes

1 Les mains dans le dos, place-toi dos aux spectateurs. Demande à une personne de choisir une craie dans la boîte que tu as apportée. Pendant qu'elle s'exécute, explique que grâce à tes habiletés extrasensorielles époustouflantes, tu pourras « sentir » la couleur de la craie choisie.

2 Quand ton sujet a choisi une craie, demande-lui de la déposer dans ta main, sans que tu puisses la voir, et de cacher les autres craies.

3 Tourne-toi face aux spectateurs, les mains toujours dans le dos.

4 En tenant la craie d'une main, utilise un ongle de l'autre main pour gratter un peu de cire de la craie.

5 Laisse la craie derrière ton dos. En ramenant ta main libre devant toi, regarde discrètement la couleur de la cire sous ton ongle.

6 Quand tu es certain de la couleur, annonce-la à tes spectateurs ébahis. Puis montre-leur la craie. Ta-dam !

7 Sous les applaudissements, remets d'une main la craie dans la boîte et, de l'autre, enlève discrètement la cire sous ton ongle.

Qu'en **penses**-tu ?

Dans ce chapitre, tu as découvert certaines des techniques utilisées par les charlatans qui prétendent avoir des pouvoirs paranormaux. Tu as même expérimenté certains trucs de voyants. À ton avis, les médiums sont-ils tous des imposteurs ? Existe-t-il aussi d'authentiques voyants ? Le chapitre suivant t'aidera peut-être à y « voir » plus clair. Poursuis ta lecture...

CHAPITRE 3

La clairvoyance

La clairvoyance est une deuxième forme de PES. Selon *Le Petit Robert*, il s'agit de la « vue claire et lucide des choses ». Voici la principale différence entre clairvoyance et télépathie : les médiums « clairvoyants » pratiquant cette technique affirment qu'ils peuvent voir à distance des objets, des événements ou des lieux, et ce, sans l'aide d'une autre personne. Ils appellent cela le don de « seconde vue ».

On rapporte plusieurs expériences scientifiques sur la clairvoyance. Les plus célèbres ont été réalisées en Californie par l'Institut de recherche Stanford. Elles ont commencé en 1973 et se sont déroulées sur plus de vingt ans. La CIA (*Central Intelligence Agency* des États-Unis) cherchait à déterminer si des médiums pouvaient espionner l'armée soviétique à distance, sans quitter la Californie ! Même si l'ingénieur de la CIA responsable du projet a rapporté avoir « obtenu des descriptions étonnantes », dans l'ensemble, les expériences ne furent pas considérées comme étant très concluantes.

Certaines personnes qui se disent clairvoyantes affirment avoir pris conscience de leur don quand elles se sont mises à voir des *auras*. De jeunes enfants disent fréquemment voir des couleurs, des ombres ou des lumières scintillantes autour du corps des gens, ce qui ressemble beaucoup aux descriptions des auras. Ces enfants sont étonnés quand ils prennent conscience que les autres ne voient pas ces choses.

Les auras existent-elles vraiment ? Certains médiums croient que tout être humain génère autour de lui un champ d'énergie vacillante, formant un prolongement du corps et l'entourant comme une enveloppe. C'est l'aura. Ces médiums affirment aussi que la limite réelle de ton corps n'est pas ta peau, mais l'extérieur de ton aura. Les scientifiques reconnaissent que le corps est effectivement entouré d'un champ énergétique – tout être vivant émet des radiations électromagnétiques. Cela pourrait bien être l'aura que tu peux ressentir ou voir.

Les **ondes** positives

Dans le langage courant, on utilise parfois « ondes » ou « vibrations » pour parler de l'aura.

Auras-tu une bonne journée ?

Les médiums affirment que les couleurs de l'aura peuvent varier d'une journée à l'autre, reflétant ton humeur et ta situation, de même que ta personnalité en général. Regarde, ci-dessous, la signification possible des couleurs de l'aura.

Les couleurs de l'aura et leur signification

Rouge foncé : il s'agit d'une personne tenace, dynamique et tournée vers l'action, avec beaucoup d'énergie et de détermination.

Rouge : cette aura est signe d'un esprit en ébullition, débordant d'énergie et aimant la compétition. Celui dont l'aura est rouge est un chef naturel, innovateur et créateur.

Orange : désigne les personnes positives, aventureuses, qui aiment la vie et recherchent les défis. Elles sont passionnées, productives et brillantes, tant à l'école que dans leur carrière.

Brun-jaune : aura des intellectuels types, à l'esprit analytique, soucieux des détails, aimant la stabilité et les structures. Leur amour de la logique et de la précision en fait d'excellents scientifiques.

Jaune : ces personnes sont enjouées, optimistes, créatives et agréables à côtoyer. Elles sont généreuses, faciles à vivre et chaleureuses.

Vert : c'est l'aura du « professeur ». Le vert désigne une personne très amicale qui aime communiquer et qui est un hôte ou une hôtesse hors pair.

Vert foncé : l'aura de cette couleur caractérise des gens responsables à l'esprit alerte. Ambitieux, ils fonctionnent par objectifs et sont généralement de bons organisateurs.

Bleu : ces personnes ont tendance à être compatissantes, sensibles et affectueuses. Souvent, elles souhaitent prendre soin des autres et rendre service.

Indigo : ces personnes sont souvent des artistes. Elles s'intéressent aux émotions et apportent un sentiment de calme et de lucidité dans leurs relations avec les autres.

Violet : révèle une nature innovatrice. Ces personnes ont habituellement un esprit artistique, elles sont intuitives et idéalistes. C'est l'aura des gens qui font les choses à leur manière.

Lavande : les rêveurs ont souvent une aura lavande. D'imagination fertile, ils reflètent la fragilité et la discrétion, mais possèdent de grandes forces intérieures.

Blanc : l'aura du « guérisseur ». Dénote une personnalité qui a de l'esprit.

Le défi « Ressens les vibrations »

Peu de gens *voient* les auras. Elles sont beaucoup plus faciles à ressentir qu'à voir. Essaie l'expérience suivante.

Il te faudra

• tes deux mains

1 Lève les mains devant toi, à hauteur des épaules, les paumes se faisant face. Tes paumes devraient être à environ 15 centimètres l'une de l'autre. Compte jusqu'à 30.

2 Rapproche lentement tes mains l'une de l'autre. Avant même qu'elles se touchent, tu devrais sentir l'air entre tes mains devenir plus dense et plus résistant. Tu pourras aussi ressentir un peu de chaleur, et même des picotements au bout des doigts. C'est ce qu'on suppose être ton aura.

3 Une fois convaincu de bien ressentir ton aura, éloigne progressivement tes paumes l'une de l'autre. Vois jusqu'où tu peux les éloigner sans perdre la sensation de ton aura.

Le défi « Tu vois l'aura ou pas ? »

Il te faudra

• un ami

1 Invite ton ami à se placer debout, dos à un mur uni.

2 Ferme à moitié les yeux. Détends-les, de façon à ce que lorsque tu regardes ton ami (environ 10 secondes), son image soit un peu floue.

3 Regarde maintenant un peu sur le côté, pour voir ton ami du coin de l'œil. Distingues-tu une vague silhouette autour de son corps ? Est-elle épaisse ? Brillante ? De quelle couleur est-elle ?

Le savais-tu ?

Le picotement dans tes doigts était-il causé par une aura, ou bien existe-t-il une autre explication ? Serait-ce dû au fait que tes mains étaient plus hautes que ton cœur et qu'elles se drainaient de leur sang ? Reprends le défi des vibrations en tendant une seule main devant toi. Ressens-tu le même picotement dans tes doigts ?

Cœur à cœur

Si tu fixes une image sombre placée sur un fond clair, tes yeux garderont une impression de l'image même après que tu auras détourné le regard. Fais-en l'expérience : fixe le cœur rose pendant environ 30 secondes. Regarde ensuite un mur pâle et uni. Distingues-tu un cœur vert qui flotte dans les airs ? C'est ce qu'on appelle « l'image différée ». Les gens qui affirment voir des auras ne voient peut-être que l'image différée du corps de leurs amis. Les couleurs des auras qu'ils décrivent se situent pour la plupart dans les teintes de rose ou de vert – couleurs caractéristiques des images différées.

On aura tout vu...

On affirme que ton aura reflète ta personnalité et tes états d'âme. Ton aura fluctue au cours d'une journée, changeant selon ton niveau d'énergie. Elle est le miroir de ton monde intérieur.

Ton aura peut donc, en théorie, influencer les gens qui t'entourent. Une personne dont l'aura est négative (quelqu'un qui est déprimé ou en colère) peut amener les autres à se sentir mal. Pense à des expressions comme «Quelque chose m'a fait dresser les cheveux sur la tête!» ou encore «Ça m'a donné des frissons!» Serait-ce en réaction à une aura négative? À l'opposé, une personne avec une aura positive et éclatante te fera sentir bien.

Quand tu es avec un ami, pose-toi quelques questions. Comment je me sens quand je suis avec cette personne? Suis-je calme et détendu? Heureux et enthousiaste? Tendu ou énervé? Y a-t-il des personnes qui, sans raisons apparentes, te font sentir vraiment bien? D'autres qui te rendent mal à l'aise, voire effrayé ou triste? Que peux-tu ressentir à propos des autres si tu fermes les yeux? Dans une pièce remplie d'activité, peux-tu dire si quelqu'un vient d'entrer ou de sortir de la pièce? Peux-tu dire de qui il s'agit?

Le défi
des ondes positives

Tu n'as peut-être jamais vu une aura. Mais cela ne signifie pas pour autant qu'il n'y en a pas. Essaie l'expérience suivante la prochaine fois que tu seras avec un ami. Avec un simple cintre en métal, tu pourras repérer l'aura de ton ami.

Il te faudra

- un cintre en métal
- un ami

1 Placez-vous l'un en face de l'autre, à une distance d'environ trois mètres.

2 Tiens un cintre à la verticale, le crochet en direction de ton ami. Serre la longue barre juste assez fermement pour que le cintre reste à la verticale, mais puisse encore pivoter dans ta main.

3 Demande à ton ami de concentrer toute son énergie sur le cintre. Il doit essayer de le faire pivoter.

4 Demande-lui d'avancer vers toi, tout en continuant de se concentrer sur le cintre. Bien avant qu'il soit suffisamment près pour toucher le cintre, tu sentiras peut-être celui-ci bouger dans ta main.

5 Vérifie si ton ami peut faire bouger le cintre encore plus en tendant les bras vers toi, en faisant un pas en avant ou en arrière, d'un côté ou de l'autre. Avec le temps, il pourra peut-être faire pivoter le cintre en se tenant à l'autre bout de la pièce !

6 Cet exercice relève-t-il de la radiesthésie (voir en haut à droite) ? Ceux qui le croient affirment que le cintre capte les ondes électrostatiques et électromagnétiques. D'autres pensent que des mouvements inconscients de la personne tenant le cintre, des contractions musculaires involontaires, le font bouger à son insu.

Baguettes de **radiesthésie**

Traditionnellement, l'art de la radiesthésie servait à trouver des sources d'eau ou de minéraux précieux dans le sol. Cette technique a été largement utilisée jusqu'au dix-neuvième siècle. Le radiesthésiste, ou « sourcier », effectuait ses recherches à l'aide d'une branche en forme d'Y. Celle-ci se mettait à vibrer ou à frémir à l'approche de la substance recherchée. On peut aussi utiliser un cintre. Plus récemment, les militaires au Vietnam ont fait appel à la radiesthésie pour détecter des mines enfouies dans le sol, les archéologues, pour découvrir des trésors, et les compagnies pétrolières, pour trouver des gisements de pétrole. Des médecins ont même, dans le passé, fait appel à la radiesthésie pour les aider à déterminer la source des douleurs de leurs patients.

Le savais-tu ?

Plusieurs cultures anciennes croyaient au *mauvais œil*. Les gens qui « possèdent » le mauvais œil auraient le pouvoir d'influencer les autres, de susciter la malchance ou la maladie. Un médium moderne dira plutôt qu'une personne a une aura négative. Les sceptiques, pour leur part, affirment que les « victimes » du « mauvais œil » réagissent au pouvoir de la suggestion (voir page 52).

La seconde vue

Voir des auras est une chose ; la seconde vue en est une autre. Que peux-tu voir à l'aide de ton télescope mental ? Découvre-le grâce aux activités suivantes.

Le défi « Seconde vue »

Peux-tu entrevoir la vie à Lhassa ou des événements qui se produisent en Gambie ? La meilleure façon de le savoir, c'est de relever le défi « Seconde vue ».

Il te faudra

- les cartes de PES préparées au chapitre 1 (va voir à la page 8)
- des feuilles de pointage et des feutres
- une table

Tu peux tenter cette expérience seul ou avec un ami.

1. Mêle les cartes de PES et dépose-les à l'envers sur la table.

2. Choisis une carte, mais sans la retourner.

3. Sans regarder, essaie de deviner quel dessin se trouve sur la carte choisie. Note-le sur ta feuille.

4. Refais l'exercice avec toutes les autres cartes.

5. À la fin, compare les cartes et tes réponses. Note le nombre de bonnes réponses obtenues.

6. Mêle de nouveau les cartes et refais l'expérience, jusqu'à ce que tu sois fatigué ou que tu t'ennuies.

7. Contrôle tes résultats à l'aide du tableau de la page 9.

Seconde vue solitaire

Tout fin seul ? Voici un défi génial à relever !

Il te faudra

- un jeu de cartes ordinaires

1. Retire les quatre as et dépose-les à l'endroit sur une rangée devant toi.

2. Mêle les autres cartes.

3. Sans regarder, essaie de « sentir » la couleur (cœur, carreau, trèfle, pique) de la première carte. Place-la, toujours à l'envers, sous l'as de la même couleur.

4. Continue jusqu'à ce que tu aies déposé chacune des cartes sous l'as correspondant.

5. Retourne les cartes de chaque colonne.

6. Fais le total de réussites pour chaque couleur – combien de piques dans la colonne des piques, combien de cœurs sous l'as de cœur, etc.

7. Évalue tes résultats à partir du tableau ci-contre.

TOTAL POUR LE DÉFI EN SOLITAIRE		
POINTAGE	PROBABILITÉS	RÉSULTAT
0 à 4	20:1	Possibilité de clairvoyance inversée
12	Égales	Conforme aux probabilités
16	10:1	Peut-être...
18	20:1	Pas mal !
19	100:1	Excellent !
20	400:1	Voir, c'est croire !

La seconde vue et le **troisième œil**

Plusieurs médiums croient que nous possédons un *troisième œil* quelque part sur notre front et que cet œil intérieur serait à l'œuvre dans les cas de clairvoyance. Depuis des milliers d'années, les adeptes de l'hindouisme, en Inde, croient que l'être humain possède dans son corps sept importants centres énergétiques, ou « chakras ». Chaque chakra ressemble à une roue ou à une fleur et est associé à une couleur, à une partie du corps et à une habileté ou à une émotion. Le sixième chakra se situe au milieu du front. On l'appelle le *« chakras du troisième œil »* ; il est généralement associé à la vision et à la lucidité. On prétend que le sixième chakra des mystiques serait très puissant.

Vision **du troisième œil**

Certaines personnes pratiquent une forme de clairvoyance appelée « psychométrie ». Le terme vient des mots grecs *psyche* (âme) et *metre* (mesure). Les médiums affirment être capables de recevoir des impressions de clairvoyance à partir d'objets tels des pierres, des photos ou encore des bijoux. Le médium touche les objets, les appuie parfois sur son front pour obtenir un contact plus étroit avec son troisième œil. Il perçoit alors des images mentales au sujet du propriétaire de l'objet. Ce défi te permettra de mettre à l'épreuve la vision de ton troisième œil.

Il te faudra

- trois ou quatre montres appartenant à tes amis

1 Ferme les yeux et demande à un ami de te donner une des montres.

2 Prends la montre et approche-la de ton front pour la mettre en contact avec ton troisième œil.

3 Perçois-tu des images liées à l'un de tes amis ? Si tu ne ressens pas de caractéristiques révélatrices, peux-tu deviner à qui appartient la montre ?

Défis de visionnaires

Les médiums ont des visions – des images mentales d'objets qui ne sont pas dans leur environnement immédiat. Ils utilisent parfois des techniques pour aiguiser leurs capacités. En voici des exemples.

Tu as des visions ?

Avec un peu d'entraînement, tu peux arriver à évoquer des images simples, les yeux bien ouverts. Essaie-le et constate par toi-même.

Il te faudra

- du papier de couleur
- des feutres de couleurs différentes
- un bâton de colle et des ciseaux

1 Fabrique quatre cartes d'après les modèles ci-dessous.

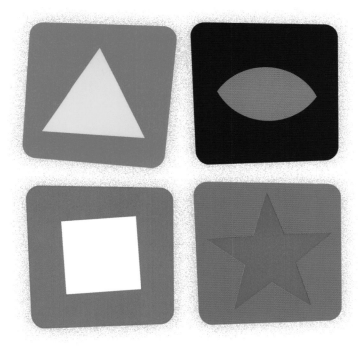

2 Installe-toi confortablement dans une pièce bien éclairée. Choisis une des quatre cartes. Dépose-la devant toi sur une table et regarde le motif pendant trois minutes.

3 Ferme les yeux. Tu percevras l'image différée de l'illustration, dans des couleurs contrastées. Tu verras, par exemple, un triangle bleu sur un fond jaune ou un carré rose sur un fond blanc. Les yeux fermés, continue à observer l'image différée.

4 Répète l'expérience avec les trois autres cartes.

5 Reprends les étapes qui précèdent au moins une fois par jour pendant trois ou quatre jours. Après cet entraînement, tu remarqueras peut-être qu'en fermant les yeux en tout temps, tu peux clairement imaginer les quatre images.

6 Pendant encore plusieurs jours, exerce-toi à «voir» les images, mais sans recourir aux cartes.

7 Au moment où tu estimes être en mesure de «voir» les images clairement et à volonté, ferme les yeux, choisis-en une et visualise-la dans ton esprit. Puis ouvre les yeux. L'image devrait encore être là, flottant dans les airs devant toi !

La **quête** de vision

En Amérique du Nord, plusieurs peuples autochtones tenaient des *quêtes de vision,* des rituels au cours desquels une personne sollicitait l'aide des esprits. C'était généralement un garçon ou une fille au seuil de la puberté. Le chercheur s'isolait dans un endroit secret dans la nature et méditait pendant plusieurs jours, sans eau ni nourriture, en espérant susciter une vision. Celle-ci guidait ensuite la personne ou lui portait chance à la guerre, en amour ou lors d'un accouchement. On croyait qu'une personne ayant traversé l'épreuve de ce rituel en ressortait fortifiée intérieurement, avec un nouveau sens à sa vie.

Du courrier **pour toi**

Il te faudra

- un ami
- un carnet et un stylo ou un crayon
- six photos de vieux magazines que tu peux découper
- six enveloppes identiques, assez grandes pour y insérer une photo

1 Demande à ton ami de découper des photos dans des magazines, en s'assurant de ne pas te les montrer.

2 Ton ami insère ensuite une photo dans chaque enveloppe. Si on voit les photos à travers les enveloppes, demande-lui de les emballer dans une feuille blanche avant de les insérer.

3 Mêle les enveloppes de façon à ce que ni toi ni ton ami ne puissiez savoir quelle photo se trouve dans quelle enveloppe. Numérote les enveloppes de un à six.

4 Installe-toi dans une pièce calme et sombre. Sur la première page de ton carnet, inscris « enveloppe 1 ».

Appuie la première enveloppe sur ton front jusqu'à ce qu'une image surgisse dans ton esprit.

5 Décris ou dessine dans ton carnet l'image que tu perçois.

6 Poursuis l'expérience avec les cinq autres enveloppes. Prends tout le temps nécessaire. Si tu te lasses ou deviens fatigué au cours de l'expérience, prends une pause avant de continuer.

7 Une fois l'exercice terminé, ouvre les six enveloppes. Compare tes notes et tes dessins aux véritables photos. Ton ami et toi les considérez-vous justes ?

Une PES de basse-cour

Plusieurs comptes rendus rapportent l'existence d'animaux ayant un don de seconde vue. Jette un coup d'œil à ces histoires incroyables. Crois-tu que ces animaux pratiquaient la clairvoyance ?

Au cours du dix-huitième siècle, un « cochon savant » et une « prodigieuse oie intelligente » firent des vagues en Angleterre. Le cochon lisait dans les pensées des gens en choisissant des cartes sur lesquelles on avait écrit des mots. De son côté, grâce à son don de « clairvoyance », l'oie identifiait des cartes à jouer et des chiffres secrets.

En 1904, un cheval allemand appelé Clever Hans causa tout un émoi avec ses prétendues facultés extrasensorielles. Et ce, jusqu'à ce qu'un psychologue démontre que les personnes posant les questions – incluant son dresseur – fournissaient sans le vouloir des indices au cheval. Hans frappait le sol de son sabot pour répondre « oui » ou « non » à une question, ou encore pour indiquer un chiffre.

Le psychologue fit remarquer que le cheval frappait le sol jusqu'à ce que le niveau de tension chez son dresseur diminue – c'est-à-dire dès que Hans avait atteint le nombre de coups correspondant à la bonne réponse !

En 1929, un cheval nommé Lady Wonder laissait les spectateurs abasourdis devant ses dons de « télépathie ». Lady avait été dressée à opérer une machine à leviers reliés à des cartes sur lesquelles figuraient les lettres de l'alphabet. Lady actionnait les leviers avec son museau pour épeler les réponses à des questions.

En 1956, Milbourne Christopher, un magicien, rendit visite à une Lady vieillissante. Il se présenta au dresseur, affirmant s'appeler John Banks. Plus tard, lorsqu'il demanda à Lady « Comment est-ce que je m'appelle ? », le cheval épela B-A-N-K-S. Christopher estima que Lady réagissait à un « léger mouvement » de la baguette de son dresseur dès qu'elle arrivait à la hauteur du bon levier.

Un test pour **Fido**

Ton petit Fido a-t-il des pouvoirs paranormaux ? L'expérience suivante te permettra de le découvrir.

Il te faudra

- de la nourriture pour animaux
- deux bols identiques
- deux portions identiques de nourriture
- une feuille de pointage et un feutre
- ton animal de compagnie

1 Dépose dans chaque bol une même quantité de nourriture.

2 Place les bols dans un endroit accessible.

3 Décide quel bol tu veux que ton animal de compagnie choisisse. Inscris-le sur ta feuille. À l'aide de tes pouvoirs de concentration, transmets-lui ton message.

4 Note sur ta feuille de pointage dans quel bol ton animal a mangé.

5 Refais l'expérience chaque jour pendant plusieurs semaines. D'après les probabilités, ton animal devrait choisir le « bon » bol une fois sur deux. Si, sur une période de 90 jours, ton animal favori obtient un résultat nettement meilleur, tu as peut-être chez toi une célébrité à quatre pattes !

Le savais-tu ?

Se pourrait-il que tu donnes à ton animal des indices sensoriels comme ceux transmis à Clever Hans ? Comment pourrais-tu modifier l'expérience pour éviter cette possibilité ?

Qu'en **penses**-tu ?

Dans ce chapitre, tu as exploré les auras, les chakras, les visions et les voyants. Les expériences réalisées et les preuves analysées t'ont-elles convaincu de l'existence de la clairvoyance ? As-tu besoin de preuves supplémentaires ? Le prochain chapitre te fournira peut-être la confirmation dont tu as besoin. Scrute ta boule de cristal pour trouver un indice... ou contente-toi de tourner la page.

La bonne aventure

Imagine que tu es un fermier dans la Grèce antique. Tu voudrais savoir si la pluie sera assez abondante cette année pour que tu puisses ensemencer tes champs. Qu'est-ce que tu fais ? Comme bien d'autres Grecs de l'époque, tu consultes probablement un *oracle*. Les oracles étaient des diseurs de bonne aventure qui, croyait-on, possédaient des pouvoirs divins. Ils pouvaient prédire l'avenir. De nos jours, plusieurs personnes continuent de consulter les diseurs de bonne aventure pour savoir ce que l'avenir leur réserve.

Un plus grand nombre de personnes encore affirment avoir vécu des expériences paranormales où elles ont soudainement « su » que quelque chose était sur le point de se produire. De fait, la prescience – la faculté de connaître l'avenir – constitue la forme la plus courante de PES.

Les personnes qui font l'expérience de prescience affirment entendre des voix, avoir des visions ou éprouver comme un éclair de « connaissance ». La prescience peut être induite lors d'un état de transe. Plusieurs médiums se servent d'une boule de cristal ou de cartes de tarot pour prédire l'avenir. Le plus souvent, toutefois, la connaissance survient dans les rêves.

Dans la plupart des cas de prescience rapportés, l'événement prédit se produit dans les 24 à 48 heures suivantes. La prédiction vise souvent (dans 85 % des cas) une personne proche du voyant, comme un conjoint, un membre de la famille ou un ami intime. La majorité des prédictions concernent un événement malheureux. On prédit quatre fois plus de maladies, d'accidents ou de décès que d'événements heureux.

Le savais-tu ?

Les parapsychologues croient que près de la moitié des cas d'expériences de prescience pourraient contenir des renseignements susceptibles d'aider à éviter des catastrophes.

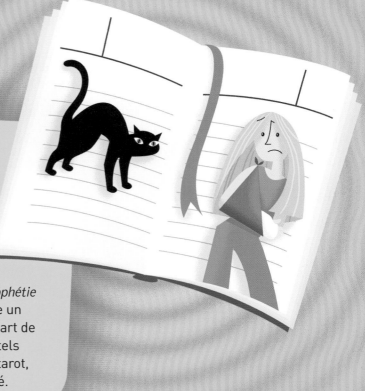

Vocabulaire du **visionnaire**

Le terme *prescience* réfère généralement à la connaissance d'un événement spécifique avant que celui-ci se produise. Le mot *prémonition* renvoie davantage au sentiment ou à l'impression qu'un événement inconnu est sur le point de se produire. Une *prédiction* concerne habituellement l'avenir d'un individu, tandis qu'une *prophétie* s'adresse plutôt à un groupe de personnes, comme un peuple ou une nation. Enfin, la *divination* désigne l'art de prédire l'avenir en se servant d'outils particuliers, tels des pendules, des boules de cristal, des cartes de tarot, les étoiles, les chiffres ou encore des feuilles de thé.

Tester la prescience

Personne ne sait exactement comment fonctionne la prescience. Bien qu'elle demeure inexpliquée, la prescience est néanmoins le type de PES le plus facile à tester en laboratoire. Il est aisé de mesurer l'exactitude des prédictions d'événements simples comme le lancer des dés ou l'ordre des cartes. Le défi proposé ici s'inspire de vraies expériences réalisées en laboratoire.

La **quête** de l'avenir

Il te faudra

- tes cartes de PES de la page 8
- un bloc-notes
- un crayon, un stylo ou un feutre

1 Pour réaliser ce test, choisis un moment et un endroit où tu peux être calme et détendu.

2 Mêle les cartes de PES et dépose le paquet à l'envers devant toi, sans regarder les cartes.

3 Prédis l'ordre dans lequel les 25 cartes sont placées. Inscris-le sur ton bloc-notes.

4 Quand tu auras terminé tes prédictions, tourne les cartes une à une. Dresses-en la liste dans ton bloc-notes.

5 Répète l'expérience trois fois, en utilisant chaque fois les 25 cartes et en notant tes prédictions et l'ordre réel.

6 Pour déterminer ton résultat, additionne le nombre de bonnes réponses obtenues pour les trois essais.

7 Compare avec le tableau de la page 9. Un résultat significativement plus bas ou plus élevé que les probabilités pourrait indiquer un potentiel de PES.

En avance sur la **réalité** ?

Attention à l'*effet de décalage,* susceptible de fausser tes résultats. C'est ce qui se produit quand tu prédis la séquence de cartes dans le bon ordre, mais de façon un peu décalée par rapport aux cartes réelles. Par exemple, ta prédiction pour la première carte correspond en fait à la deuxième carte, ta prédiction pour la deuxième correspond à la troisième carte, et ainsi de suite. Autrement dit, tes prédictions se réalisent, mais un peu plus tard que tu l'avais prédit ! Dans un tel cas, tes résultats peuvent s'avérer meilleurs que tu le croyais.

Le savais-tu ?

Le 21 octobre 1966, 144 personnes ont perdu la vie dans un glissement de terrain au pays de Galles. Au cours des trois sondages effectués après la tragédie, plus de 200 personnes ont prétendu avoir eu des prémonitions au sujet de la catastrophe. Elles mentionnaient, entre autres, des moments de dépression, un sentiment que quelque chose de grave était sur le point de se produire, l'impression de tourbillons de nuages noirs et d'enfants qui s'enfuyaient en hurlant. Serait-ce là une preuve de l'existence de la prescience ? Ou les gens se sont-ils trompés en se rappelant ce qu'ils ont pu ressentir ou penser plusieurs semaines auparavant ? Ou peut-être ont-ils établi un lien entre deux événements indépendants, tout simplement parce qu'ils se sont produits à des moments rapprochés dans le temps.

Double bulles, trouble double...

Dans *Macbeth,* une des tragédies de Shakespeare, le roi Macbeth rencontre trois sorcières dans une forêt et les prie de prédire son avenir. Elles préparent une mystérieuse décoction dans un grand chaudron et y recherchent une réponse. Même si Macbeth croit qu'elles lui prédisent le succès, les sorcières lui annoncent plutôt sa déroute. Inconscient de son erreur, Macbeth scelle son sort et court à sa perte, démontrant ainsi que les prédictions, c'est bien, mais à condition de les interpréter correctement.

41

Tu rêves, mon ami...

Depuis la nuit des temps, les êtres humains sont fascinés par les rêves. Ces visions nocturnes qui s'immiscent dans le sommeil ont donné lieu à nombre d'interprétations et de théories depuis qu'il existe des endroits douillets où se blottir.

À travers l'histoire, les gens de différentes cultures ont cru que les rêves étaient porteurs de messages divins. On recense des centaines de prophéties ayant pris la forme de rêves.

Entre 1962 et 1974, les chercheurs du Dream Laboratory, au Centre médical Maimonides de New York, ont réalisé de nombreuses études sur la télépathie et la prescience dans les rêves. Dans l'ensemble, le niveau de corrélation entre les rêves analysés et la réalité a largement dépassé les probabilités. Les expériences ont également démontré que les rêves prémonitoires s'avèrent exceptionnellement frappants, contiennent une foule de détails et leurs couleurs sont singulièrement brillantes. Ils sont généralement déroutants pour le rêveur, sans lien apparent avec les événements vécus dans la semaine précédente ou avec les préoccupations de la personne.

Mais qu'est-ce que ça peut bien vouloir dire ?

Viens rêver avec moi

Fais-tu des rêves qui prédisent l'avenir ? La meilleure façon de le savoir, c'est de tenir un journal de tes rêves.

Il te faudra

• un cahier   • un crayon ou un stylo   • un surligneur

1 Place le cahier et le stylo sur ta table de nuit. Quand tu te réveilles au milieu de la nuit à la suite d'un rêve, prends quelques notes. Indique la date au haut de chaque page pour savoir à quel moment tu as fait chacun de tes rêves.

2 Chaque matin, à ton réveil, attarde-toi au lit. Laisse-toi aller à la rêverie. Essaie de reprendre le rêve que tu faisais juste avant de te réveiller. Dès que tu t'en souviens, décris-le dans ton cahier.

3 Note tes rêves pendant plusieurs mois. Avec le temps, il te sera plus facile de te rappeler à quoi tu as rêvé. Si tu fais un rêve insolite ou vraiment frappant, mets un astérisque devant sa description.

La loi des grands nombres

Les rêves prémonitoires sont-ils réels ou seulement des coïncidences? Si tu es un as des mathématiques, tu diras sans doute que la loi des grands nombres y est pour quelque chose. Cette loi stipule que quand on travaille avec un nombre suffisamment important de personnes, de choses ou d'événements, on finit forcément par rencontrer beaucoup de coïncidences vraiment étranges.

Disons que la probabilité de rêver à un écrasement d'avion la nuit avant qu'une telle catastrophe se produise est d'environ une chance sur un million. Ça semble peu probable, n'est-ce pas? Mais attends! Des études démontrent que chacun de nous peut faire une moyenne de 250 rêves par nuit. Multiplie ce nombre par la population mondiale (six milliards). Divise ensuite le résultat par un million (une chance sur un million). Tu te retrouves alors avec 15 millions de personnes susceptibles d'avoir rêvé à une catastrophe aérienne. Ton rêve bizarre n'était peut-être pas si bizarre que cela, après tout!

4 Avec ton surligneur, identifie les rêves qui pourraient s'avérer vraiment prémonitoires ou de nature télépathique. Attention aux calembours et aux jeux de mots. Tu as rêvé que tu brisais des *verres* de jus? Cela serait-il en lien avec l'incident qui s'est produit quelques jours plus tard cette semaine-là, quand tu as mis le pied sur tes *verres* fumés? Tu penses que cela est un peu tiré par les cheveux? N'oublie pas que c'est ainsi que fonctionnent les rêves. C'est aussi pour cette raison que l'interprétation des rêves est si peu fiable et souvent mise en doute!

Bonne aventure ou au revoir !

Dans les temps immémoriaux, la plupart des dirigeants faisaient appel à la divination, ou l'art de prédire l'avenir, avant de prendre une décision. Ils s'appuyaient sur les prophéties énoncées par des grands prêtres pour savoir comment éviter les catastrophes naturelles, à quel moment s'engager dans une guerre ou encore qui épouser. La survie de l'ensemble de la société dépendant souvent de la justesse de ses prédictions, le prêtre se trouvait donc pourvu de pouvoirs considérables. Toutefois, si sa prophétie s'avérait incorrecte, la peine encourue était habituellement la mort !

Dans la Rome antique, on retrouvait certains prêtres spéciaux appelés *augures*. Les augures percevaient les messages divins dans la forme des nuages, la trajectoire d'un vol d'oiseau, la fumée s'élevant d'un foyer ou encore les taches sur un animal. Les prêtres faisaient appel à leurs pouvoirs extrasensoriels ou spirituels pour déchiffrer ces présages et conseiller les dirigeants. Les Égyptiens, pour leur part, demandaient à leurs prêtres de dormir dans les temples, dans l'espoir que les dieux leur fassent des révélations dans leurs rêves.

L'oracle de Delphes

Depuis les années 1400 avant Jésus-Christ jusqu'à l'an 381 de notre ère, l'oracle le plus célèbre de tous vivait à Delphes, une région montagneuse du centre de la Grèce. On venait de toute l'Europe pour y visiter un temple consacré au dieu Apollon.

L'oracle, qui était toujours une femme, faisait ses prédictions dans une grotte naturelle au cœur de la montagne. Elle s'assoyait sur un tabouret à trois pattes, au-dessus de fentes dans le roc, d'où sortait une vapeur à l'odeur douce et agréable. Respirant ces émanations, elle entrait alors en transe et, d'une voix d'outre-tombe, dévoilait un message soi-disant transmis par le dieu Apollon.

Le savais-tu ?

Des études archéologiques et géologiques récentes ont révélé que la vapeur s'échappant des fentes dans les rochers de Delphes contient de l'éthylène. Inhalé, ce gaz peut provoquer des hallucinations.

Des prédictions à plumes

Certaines personnes croient encore en ces prédictions remontant à l'époque de la Rome antique :

• Des oiseaux traversant soudainement le ciel de gauche à droite sont un présage de chance.

• Tu vois un oiseau rouge ? Fais un vœu – il se réalisera.

• Compte le nombre de cris des oiseaux. Un ou deux cris portent chance.

• Un couple de merles assis côte à côte est un signe de chance.

• Si tu vois un canard dans le ciel, tes relations avec les autres seront stables.

• Tu aperçois un goéland ? Tu partiras bientôt en voyage et un voyage d'affaires sera fructueux.

Oscillons à l'unisson

Le *pendule* est un instrument divinatoire facile d'utilisation. Pose une question supposant « oui » ou « non » comme réponse, et laisse le pendule y répondre par la direction de son oscillation.

Découvre le pendule

Il te faudra

- un pendentif ou une bague assez lourde
- une corde d'environ 45 centimètres
- un stylo et des petites notes autocollantes

1 Pour faire un pendule, enfile la corde dans le pendentif ou la bague. Attache les deux extrémités de la corde.

2 Accorde ton pendule en posant une question dont la réponse est « non ». Par exemple : « Est-ce que je m'appelle Cendrillon ? »

3 Tiens ton pendule au-dessus d'une table, à hauteur des épaules. Détends-toi et laisse ton pendule osciller librement. Dans quelques instants, tu devrais voir ton pendule commencer à bouger dans une direction précise. Tu sais alors que ce mouvement signifie « non ».

4 Sur une note autocollante, inscris « non » et trace une ligne indiquant le mouvement du pendule. Colle-la sur la table.

5 Reprends les étapes 2 à 4, en posant cette fois une question dont la réponse est « oui ».

6 Refais le procédé d'accordage à plusieurs reprises, afin de t'assurer que tu fais une lecture correcte de l'oscillation de ton pendule.

7 Il se peut que tu doives poser une série de questions pour obtenir l'information recherchée. Par exemple, si tu veux savoir si ton avenir te réserve un voyage, tu peux d'abord demander : « Est-ce que je ferai un voyage pendant mes vacances ? » Si la réponse est « oui », tu peux alors limiter les destinations possibles : « Est-ce que je voyagerai en Europe ? en Asie ? en Amérique du Nord ? », etc.

8 Le pendule doit être accordé à nouveau pour chaque nouvel utilisateur.

Le savais-tu ?

Traditionnellement, plusieurs peuples méditerranéens utilisent le pendule pour prédire le sexe d'un enfant à naître. Une aiguille enfilée sert de pendule. On la tient au-dessus du ventre de la future maman. Si l'oscillation de l'aiguille décrit un cercle, ce sera une fille ; si elle oscille en traçant une ligne, ce sera un garçon. Comme il n'y a que deux possibilités, cette technique t'accorde une chance sur deux de réussir !

La puissance... des muscles

Personne ne peut affirmer que les pendules permettent réellement de prédire l'avenir ; toutefois, les pendules oscillent systématiquement selon des modèles précis. Pourquoi ? Certains ont émis l'hypothèse que le médium utilise involontairement ses muscles pour contrôler le mouvement du pendule. C'est ce qu'on appelle « l'effet idéomoteur », dont les résultats peuvent s'avérer spectaculaires. Au cours des années 1800, la « table tournante » a connu une grande popularité. Les participants étaient assis autour d'une table, le bout des doigts reposant sur celle-ci. Après un certain temps, la table semblait se mettre à bouger toute seule, à s'incliner ou à tourner en se soulevant du sol. Une étude scientifique a révélé que les participants, sans le savoir, étaient eux-mêmes à l'origine de ces phénomènes en bougeant inconsciemment leurs mains sur la table !

Des réponses miroitantes

Des techniques divinatoires, appelées «catoptromancie», aident les médiums à voir des images. Les miroirs et les bols d'eau sont des outils de catoptromancie très populaires. C'est aussi le cas des boules de cristal.

Le diseur de bonne aventure fixe la boule de cristal, se détend profondément pour entrer en transe. Dans cet état, semblable à celui qui précède immédiatement le sommeil, les images surgissent spontanément à l'esprit. Le diseur de bonne aventure peut voir les images au fond de sa boule de cristal ou tout simplement dans son imagination. Par exemple, s'il voit une couronne, il décrira sa vision à son client. Il se peut qu'il ajoute alors une interprétation : «Vous possédez de grandes qualités de leadership.»

Miroir, miroir…

Lorsqu'elle demandait au miroir magique : «Miroir, miroir, dis-moi qui est la plus belle ?», la méchante reine dans l'histoire de *Blanche Neige* utilisait en fait la catoptromancie.

Les feuilles de thé

Tu peux te familiariser avec la catoptromancie en essayant une autre technique ancienne, l'art de «lire» dans les feuilles de thé.

Il te faudra

- un bol peu profond ou une tasse aux bords inclinés
- une théière contenant du thé infusé à partir de feuilles (pas de sachets)
- une soucoupe ou une assiette

1 Verse du thé dans la tasse. Quelques feuilles vont tourbillonner et finir par se déposer au fond de la tasse.

2 Bois le thé. Laisse un peu de thé au fond de la tasse avec les feuilles.

3 Fais tournoyer le liquide dans la tasse, puis retourne rapidement la tasse sur la soucoupe. Plusieurs feuilles de thé resteront collées sur les parois de la tasse.

4 Détends ton esprit et examine les feuilles de thé dans la tasse.

5 Laisse libre cours à ton imagination et décris ce que tu vois dans les motifs formés par les feuilles de thé.

Qu'en **penses**-tu ?

À travers les âges, des gens ont tenté de déjouer le temps et d'explorer l'avenir. Tu as eu l'occasion d'essayer quelques-unes des nombreuses techniques visant à faciliter la divination. Tu as pu découvrir comment les scientifiques s'y prennent pour éprouver l'existence de la prescience. As-tu décidé si tout cela était vrai ou non ? Tu as encore besoin de quoi réfléchir ? Le chapitre suivant t'aidera peut-être à tendre vers une décision !

CHAPITRE 5

La psychokinésie

Quand la plupart des gens emploient l'expression « l'esprit domine la matière », ils veulent dire que s'ils décident de faire quelque chose et essaient vraiment fort, ils arrivent à surmonter les obstacles. Cette expression signifie quelque chose de complètement différent pour les médiums. La *psychokinésie* (PK) désigne la capacité de déplacer ou d'influencer des objets avec les pouvoirs de l'esprit. Les médiums qui prétendent avoir cette faculté affirment pouvoir plier des cuillères, déplacer des objets ou même changer le cours des choses simplement en souhaitant que cela se produise.

La plupart des scientifiques mettent en doute l'existence de la PK. Les lois du mouvement de Newton stipulent qu'un minimum d'énergie est nécessaire pour susciter un mouvement ou un changement. Par exemple, ton coup de pied projette un ballon de soccer à l'autre bout du terrain – l'énergie passe de ton pied au ballon. Sans le coup de pied, le ballon ne bougerait tout simplement pas.

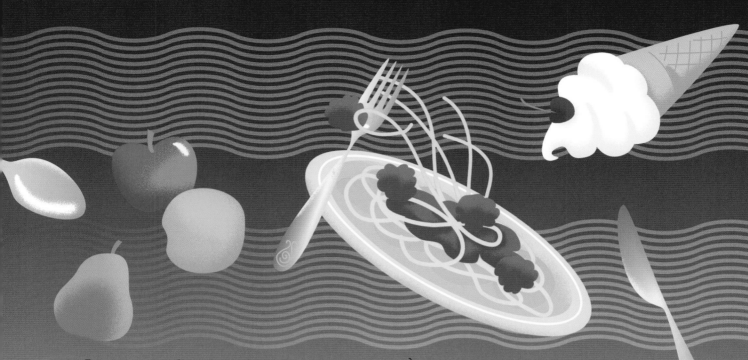

Où se trouve l'énergie dans « l'esprit qui domine la matière » ? Personne ne le sait. Les objets ne se déplacent pas tout seuls. Un médium qui prétend pouvoir déplacer des objets par la seule force de son esprit fait une affirmation tirée par les cheveux. Un scientifique réagirait exactement comme tu le fais quand on te dit quelque chose d'invraisemblable : « Mon œil ! »

Des affirmations extraordinaires exigent des preuves extraordinaires. Si une personne affirme pouvoir plier des cuillères par la force de son esprit, elle devra en fournir la preuve. Les résultats des tests devront s'avérer vraiment convaincants et les données, au-delà de tout soupçon. En bref, les gens ne peuvent vanter leurs facultés « surnaturelles » et s'attendre à ce que les autres soient émerveillés. « La preuve est palpable ! » Si la preuve est une cuillère – et que la cuillère plie réellement – alors le voir, c'est peut-être y croire !

À bien y penser, rien n'est absolument impossible, pas même la PK ! Peut-être ne possédons-nous pas les instruments de mesure suffisamment précis pour déceler les forces agissantes. Peut-être cherchons-nous au mauvais endroit. Il est important de garder l'esprit ouvert. Pense à tous ces hommes sages qui autrefois déclaraient que la terre était plate…

Le savais-tu ?

La démarche scientifique a ses limites. Par exemple, les expériences peuvent uniquement prouver qu'une force ou un phénomène *existe*. Elles ne sont pas en mesure de prouver qu'il n'existe pas. Les meilleurs scientifiques peuvent tout au plus affirmer : « À ce jour, nous n'avons pas encore réussi à prouver l'existence de la PK. »

La PK et le pouvoir de suggestion

Plusieurs magiciens de scène font appel au pouvoir de suggestion pour exécuter leurs tours. Ce pouvoir est si puissant qu'il peut modifier le comportement d'une personne quand elle est sous hypnose. On se met souvent à bâiller en voyant une personne bâiller ou en lisant au sujet d'une personne qui bâille. (Serais-tu en train de bâiller ?) Ce pouvoir peut également avoir des effets plus subtils. Par exemple, il se peut que tu croies avoir vu une personne déplacer des objets par la puissance de son esprit, simplement parce que tu t'y attendais. Essaie de suggérer quelque chose à un ami et constate à quel point tu as du pouvoir.

Le défi de la suggestion

Il te faudra

• un ami

1 Invite un ami dans ta chambre.

2 Dis-lui que tu as échappé du poil à gratter sur le lit, que tu as tout nettoyé, mais qu'il t'arrive parfois de te mettre à te gratter si tu t'assois sur ton lit.

3 Attends un peu, puis aborde un sujet complètement différent.

4 Commence à te gratter un peu.

5 Observe attentivement ton ami. Commence-t-il à se gratter lui aussi ?

L'effet **Geller**

Uri Geller est devenu célèbre dans les années 1960. C'est un artiste qui apparaissait régulièrement à la télévision. Son spectacle était ahurissant… il pliait des cuillères et arrêtait des montres sans même les toucher. Bref, c'était un professionnel de la PK.

Les scientifiques, mais aussi le public en général, voulaient savoir si Geller réalisait ses performances seulement par la force de son esprit ou s'il était un imposteur. Des chercheurs de l'Institut de recherche Stanford, en Californie, ont invité Geller dans leur laboratoire afin de mettre ses facultés à l'épreuve. Geller a réussi tous les tests haut la main. Les chercheurs étaient si impressionnés qu'ils ont surnommé la psychokinésie «l'effet Geller».

Toutefois, plusieurs magiciens se sont moqués de Geller. Ils prétendaient qu'avec un peu de savoir-faire, n'importe qui pouvait réaliser ses numéros. Ils croyaient que Geller s'appuyait sur le pouvoir de suggestion et sur de bons vieux tours de passe-passe. Le plus grand critique de Geller était un magicien appelé l'Incroyable Randi. Il affirmait que les exploits de Geller étaient de ceux qu'on «imprimait au dos des boîtes de céréales» quand il était enfant! Les pouvoirs de Geller étaient-ils authentiques? Plus de trente ans plus tard, les gens débattent encore à son sujet. Un défi ou deux pourront peut-être t'aider à y voir clair!

Le savais-tu?

En Haïti, les gens s'adonnaient traditionnellement au *vaudou,* une religion basée sur d'anciens rituels africains. Les sorciers vaudou lançaient parfois un sort à un ennemi, transformant celui-ci en *zombi,* ou mort-vivant. En l'espace de quelques jours, la personne cessait de manger et de dormir, et ne reconnaissait plus ses amis. Il existe plusieurs cas documentés où la victime en est morte. Personne ne sait vraiment de quelle façon les sorts vaudou fonctionnaient. Certains y constatent un exemple du pouvoir de suggestion: le sort lancé, le fait que la victime y croie faisait en sorte que cela se produisait! D'autres y voient peut-être la PK à l'œuvre. D'autres encore soupçonnent l'utilisation de substances empoisonnées.

Le coup des cuillères

Es-tu capable de plier des cuillères par la seule puissance de ton esprit ? Invite des amis et tente ta chance. Que vous y arriviez ou pas, peu importe, vous aurez beaucoup de plaisir à essayer !

Il te faudra

- une douzaine d'amis
- quelques vieilles cuillères que tu as la permission de plier (Tu pourras peut-être en trouver dans une vente-débarras ou un marché aux puces.)

1 Crée une ambiance fébrile et amusante. De grands éclats de rire et beaucoup d'humour favoriseront le bon déroulement de ton expérience.

2 Dis à tes amis de choisir une cuillère et de lui demander : « Veux-tu plier pour moi ? » S'ils ne croient pas que la cuillère pourra plier, demande-leur d'en choisir une autre.

3 Après avoir choisi ta propre cuillère, tiens-la bien droite devant toi et crie : « Plie ! Plie ! » C'est ce que faisait Uri Geller.

4 Ensuite, dans un mouvement de va-et-vient, frotte la cuillère tout doucement entre deux doigts. Elle pliera peut-être d'elle-même sans que tu aies à employer la force.

Preuve scientifique

La plupart des scientifiques considèrent que la PK est très peu convaincante. Néanmoins, il existe des preuves indiquant que la PK pourrait bel et bien exister ! Une expérience a démontré que la pensée humaine pouvait influencer le fonctionnement d'ordinateurs. L'expérience en question a été réalisée avec des ordinateurs relativement simples, appelés générateurs de nombres aléatoires. Le test a révélé qu'en se concentrant sur un nombre donné, une personne pouvait faire apparaître ce nombre plus souvent que les probabilités le prévoyaient. L'effet était plutôt « faible », mais s'est malgré tout avéré réel et mesurable.

Le savais-tu ?

Les personnes qui croient aux PES sont plus susceptibles de vivre des expériences extrasensorielles. Si tu es convaincu que ta cuillère va plier, il y a plus de chances que tu la *vois* plier.

54

Le défi du dé

Il te faudra

- un dé à jouer
- une feuille de pointage et un crayon ou un stylo
- un gobelet

1 Choisis un chiffre de un à six. Concentre-toi sur ce chiffre. Lance le dé et essaie d'obtenir ce chiffre aussi souvent que possible.

2 Avec le gobelet, lance le dé 100 fois.

3 Note le résultat pour chaque lancer.

4 Après 3 séries de 100 essais, compte le nombre de fois où tu as obtenu ton chiffre. Analyse tes résultats à l'aide du tableau ci-dessous.

TOTAL POUR LES TROIS SÉRIES

POINTAGE		RÉSULTAT
20	=	Possibilité de PK inversée
50	=	Pas mal...
100	=	Peut-être...
150	=	Ça alors!
200	=	Tu as la touche magique!

Les **dés** et les lois de **probabilité**

En lançant un dé, tu avais une chance sur six d'obtenir un six. Et si tu lançais deux dés en même temps? Aurais-tu toujours une chance sur six d'avoir un total de six?

Non. Selon les lois de probabilité, il y a 36 combinaisons possibles quand tu lances deux dés. Seules cinq combinaisons sur les 36 te permettent d'obtenir un total de six. C'est donc moins d'une chance sur six. Il y a encore moins de chances de récolter deux. Selon les probabilités, tu devrais obtenir un total de sept plus souvent que tout autre chiffre. Voir, c'est croire? Tourne la page et relève le défi à deux dés!

Le défi à deux dés

Il te faudra

- une paire de dés
- une feuille de pointage, un crayon ou un stylo
- un gobelet

1 Lance les dés.

2 Note le résultat du lancer sur ta feuille de pointage.

3 Recommence 100 fois.

4 Compte le nombre de fois où tu as obtenu chaque résultat possible : 2, 3, etc.

5 Quel nombre as-tu obtenu le plus souvent ? Le moins souvent ? Compare tes résultats avec ceux indiqués ci-dessous. Selon les lois de probabilité, en lançant les dés 100 fois, tu devrais obtenir :

2	moins de 3 fois
3	moins de 6 fois
4	moins de 9 fois
5	moins de 11 fois
6	moins de 14 fois
7	environ 17 fois
8	moins de 14 fois
9	moins de 11 fois
10	moins de 9 fois
11	moins de 6 fois
12	moins de 3 fois

Si les nombres obtenus diffèrent de ces résultats, poursuis ta lecture, tu trouveras peut-être une explication.

Plus souvent, c'est mieux

Supposons que tu lances les dés dix fois. Selon les lois de probabilité, à chaque lancer, tu as plus de chance d'obtenir un sept qu'un deux, n'est-ce pas ? Alors, que dirais-tu si tu obtenais un deux dix fois de suite ? Plusieurs personnes seraient d'avis qu'il se produit quelque chose de vraiment bizarre – ou encore qu'il s'agit d'un phénomène paranormal. Mais les mathématiciens savent que cette chose bizarre ne peut être qu'une illusion. Il y a même un nom pour cela : c'est « l'illusion des séries ».

À la longue, tu lanceras un plus grand nombre de sept que de deux. Cependant, tu devras lancer les dés des centaines, sinon des milliers de fois, pour obtenir un tel résultat. Dans une série de lancers plus courte, il n'y a pas suffisamment de données pour que les résultats soient vraiment concluants. Dix ou même cent lancers ne suffisent pas. Il faut plutôt envisager au moins dix mille essais pour observer avec précision les effets de la probabilité.

L'énigme de la pièce de monnaie

Lance une pièce de monnaie vingt fois. Quelles sont les chances que tu obtiennes « face » quatre fois de suite ? Les lois du hasard prévoient que cela pourra se produire une fois sur deux ! Étonné ? Essaie-le, tu verras bien !

Une bonne **passe**? Sûrement **pas**!

On peut observer l'illusion des séries à l'œuvre dans les sports professionnels. Les partisans, joueurs, entraîneurs, tous croient que les joueurs de basketball, de hockey, de baseball et autres athlètes traversent de bonnes et de mauvaises passes. Ils pensent que pendant une courte période de temps, des individus marquent parfois des points plus souvent – ou encore moins souvent – que le prévoient les probabilités. Ils supposent souvent que c'est relié à l'état d'esprit du joueur, à ce qu'il fait différemment ou encore à son niveau d'effort. « Pas du tout ! » disent les scientifiques. Une étude sur une équipe de basketball de Philadelphie a démontré que, pendant la saison 1980-1981, le nombre de paniers consécutifs s'est avéré exactement celui prévisible par le hasard, que le joueur traverse une bonne ou une mauvaise passe !

Une bonne dose de PK ?

Des études scientifiques ont démontré que la PK pourrait aider à guérir des maladies. Au cours d'une expérience contrôlée effectuée avec des patients atteints du sida, publiée dans *The Western Journal of Medicine,* on a demandé à des médiums « guérisseurs » de se concentrer et de prier pour l'amélioration de l'état de santé de certains patients. Ceux-ci n'étaient pas informés de l'expérience. La santé des patients sélectionnés s'est améliorée de façon significative comparée à celle des autres patients du groupe témoin, pour qui personne n'avait prié.

Une autre recherche, plus vaste, a été réalisée avec des patients souffrant de problèmes cardiaques. Cette fois, comparés aux patients du groupe témoin, ceux pour qui on avait prié ont présenté moins de complications, nécessité moins d'antibiotiques et fait moins souvent appel à une aide respiratoire mécanique.

Dans le cas du vaudou, la puissance des pensées négatives pourrait être attribuée au phénomène de l'autosuggestion chez une personne qui, mise au courant du mauvais sort, pouvait devenir si effrayée qu'elle en tombait malade. Dans les cas présents, toutefois, les patients étaient des étrangers et ignoraient que des ondes positives leur étaient transmises. Certains scientifiques croient que la PK pourrait expliquer ce phénomène. Par ailleurs, les personnes ayant de profondes croyances religieuses y verraient simplement la puissance de la prière à l'œuvre. Et toi, qu'en dis-tu ?

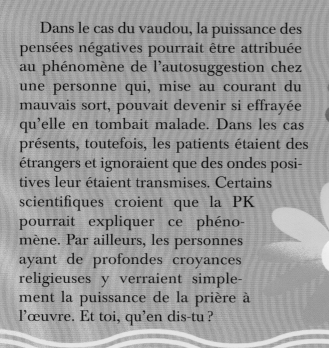

Le savais-tu ?

Des ondes de pensée pourraient-elles être puissantes au point de se transformer en une certaine forme d'énergie physique ?

Fausse PK

Des magiciens peuvent, en faisant appel à de bons vieux tours de passe-passe, reproduire sur scène plusieurs effets de PK. Exerce-toi avec ces exemples tirés du sac à malices des magiciens professionnels.

La cuillère pliante

Si, lors de ta rencontre avec tes amis (va voir à la page 54), tu n'as pas réussi à faire plier une cuillère par la force de ta pensée, tu peux toujours faire semblant. Des critiques d'Uri Geller affirment qu'il utilisait cette méthode. Il faut cependant beaucoup d'entraînement. Seuls les très bons magiciens y arrivent !

Il te faudra
- une cuillère bon marché en métal malléable
- un public

① Tu vas plier la cuillère en utilisant la bonne vieille force musculaire. Le truc, c'est de le faire sans que ton public s'en rende compte. Si les spectateurs veulent croire en la PK, alors ils verront la PK à l'œuvre. Au départ, la plupart des gens seront sceptiques – tu devras vraiment être convaincant !

② Saisis le cou (la partie la plus étroite) de la cuillère entre le pouce et l'index. Ton petit doigt se pose sur le bout du manche.

③ Avec l'autre main, prends le bol de la cuillère entre le pouce et l'index.

④ En appuyant, plie la cuillère vers l'arrière en tirant le bol vers le bas.

La paille dansante

Essaie de convaincre tes amis que tu fais appel à tes dons de PK pour faire bouger une paille placée sur une table.

Il te faudra
- une paille en plastique

① Explique à ton public que tu utiliseras les pouvoirs de la PK pour faire bouger une paille.

② Dépose la paille sur la table.

③ Prends discrètement une profonde inspiration et retiens ton souffle.

④ Remue la main au-dessus de la paille, comme si tu voulais la faire bouger par magie. Penche la tête près de la paille et donne l'impression de te concentrer très attentivement.

⑤ Expire tout doucement par le nez pour faire bouger la paille. Tu devras t'exercer à l'avance pour réussir à diriger ton souffle au bon endroit : les spectateurs ne doivent rien voir ni entendre ton souffle.

⑥ Ne refais pas ce tour ! Il est si simple et si évident que, une fois l'effet de surprise passé, le truc est facile à découvrir.

La boîte d'allumettes
flottante

Avec le temps, tu deviendras assez habile pour réussir ce vieux tour de passe-passe. Mais il est plus efficace s'il n'est pas répété. Tu bénéficies une seule fois de l'effet de surprise.

Il te faudra

• une boîte d'allumettes en carton vide

① Ouvre le petit tiroir. Tiens la boîte dans ta main. Ta main devrait être détendue et légèrement en coupe. Le tiroir devrait être orienté vers ton pouce.

② Ferme délicatement la boîte, en pinçant un peu de peau à la base de ton pouce avec le tiroir.

③ Explique à ton auditoire que tu vas maintenant faire léviter la boîte par magie. Tous tes spectateurs doivent être placés devant toi.

④ Prononce quelques formules magiques et bouge ta main libre au-dessus de la boîte. Fais des mouvements de lévitation.

⑤ Étends tout doucement la main qui tient la boîte... celle-ci semblera se soulever d'elle-même !

⑥ Détends la main en refermant la boîte. Permets ensuite à tes spectateurs d'examiner la boîte et d'essayer eux-mêmes le tour.

Rien n'est sûr, ça, c'est sûr

Ce livre t'a permis d'explorer un tout petit coin du monde de la PES. Tu as pu constater que les peuples du monde entier à travers les âges ont cru en sa puissance. Des civilisations entières se sont développées et effondrées sous l'influence des prophètes et des voyants.

La PES ne se limite pas à de l'histoire ancienne ou à des superstitions. De nos jours, plus de la moitié de la population mondiale fait l'expérience d'une certaine forme de perception extrasensorielle. L'intérêt pour diverses techniques de divination, comme le tarot, les boules de cristal, les horoscopes ou les pendules, n'a jamais été aussi grand.

Il serait relativement facile de démontrer que la perception extrasensorielle constitue une caractéristique humaine universelle. Par ailleurs, tu as pu constater que la PES s'avère difficile à prouver et qu'elle a souvent été imitée. Grâce au pouvoir de la suggestion, à la loi des grands nombres ou à de bons vieux tours de passe-passe, les gens peuvent être facilement bernés et croire être témoins d'une expérience extrasensorielle alors qu'il n'en est rien.

Qu'en **penses**-tu ?

Après avoir analysé les preuves et procédé à tes propres expériences, quelle est ton opinion ? Considères-tu la PES probable ou plutôt improbable ? Qu'est-ce que ça prendrait pour te convaincre, d'un côté ou de l'autre ? Peut-être seras-tu le chercheur qui arrivera un jour à prouver que la PES existe vraiment ! Ou encore, les conclusions d'une de tes expériences permettront peut-être de discréditer les théories de la PES une fois pour toutes. Personne ne sait ce que le sort nous réserve. Mais une chose est sûre : peu importe ce que contient ton avenir, ce sera à toi de le faire advenir !

Index

142-23